BEI GRIN MACHT SICH IHR WISSEN BEZAHLT

AF144597

- Wir veröffentlichen Ihre Hausarbeit,
  Bachelor- und Masterarbeit

- Ihr eigenes eBook und Buch -
  weltweit in allen wichtigen Shops

- Verdienen Sie an jedem Verkauf

Jetzt bei www.GRIN.com hochladen
und kostenlos publizieren

Dennis Trom

Die Weimarer Reichsverfassung. Ein kurzer Überblick

GRIN Verlag

Bibliografische Information der Deutschen Nationalbibliothek:

Die Deutsche Bibliothek verzeichnet diese Publikation in der Deutschen National-
bibliografie; detaillierte bibliografische Daten sind im Internet über http://dnb.d-
nb.de/ abrufbar.

Impressum:

Copyright © 2013 GRIN Verlag GmbH
Druck und Bindung: Books on Demand GmbH, Norderstedt Germany
ISBN: 978-3-656-58417-9

Dieses Buch bei GRIN:

http://www.grin.com/de/e-book/267328/die-weimarer-reichsverfassung-ein-kurzer-
ueberblick

GRIN - Your knowledge has value

Der GRIN Verlag publiziert seit 1998 wissenschaftliche Arbeiten von Studenten, Hochschullehrern und anderen Akademikern als eBook und gedrucktes Buch. Die Verlagswebsite www.grin.com ist die ideale Plattform zur Veröffentlichung von Hausarbeiten, Abschlussarbeiten, wissenschaftlichen Aufsätzen, Dissertationen und Fachbüchern.

Besuchen Sie uns im Internet:

http://www.grin.com/

http://www.facebook.com/grincom

http://www.twitter.com/grin_com

Inhaltsverzeichnis

1. Einleitung

In der folgenden Hausarbeit wird das Referat „die Weimarer Verfassung", schriftlich ausgearbeitet. Die Zielfragestellung lautet: *„Welche Ansätze sind an der Verfassung positiv und welche Aspekte sind eher negativ zu werten?"* Um einen groben geschichtlichen Überblick zu verschaffen, wird erstmal die Entstehung mit den wichtigsten Merkmalen untersucht, wie beispielsweise der Nationalversammlung. Folglich wird auf den Inhalt und den Aufbau der Verfassung eingegangen, dazu gehören die beiden Hauptteile, der Aufbau und Aufgaben des Reiches und letztlich die Grundrechte und Grundpflichten der Deutschen. Die nächste Thematik bezieht sich auf die sechs Reichsorgane, Reichstag, Reichspräsident, Reichsregierung, Reichsrat, Staatsgerichtshof und dem Reichswirtschaftsrat. Anschließend wird der Fokus auf den zweiten Hauptteil der Verfassung gesetzt, den Grundrechten und Grundpflichten. Ein kurzer Kommentar wird letztlich die Realität der theoretischen Grundrechte in der Praxis aufzeigen. Abschließend wird ein kurzes Fazit bezüglich der Zielfragestellung kurz erläutert.

2. Die Entstehung der Weimarer Reichsverfassung

Eine Verfassung ist kein Produkt einer Theorie, es ist ein Ergebnis einer historischen Situation und den damit verbundenen Möglichkeiten. Soziale Strukturen, politische Ideen und Konstellationen bilden einen Rahmen, aus dem eine Verfassung entsteht (Kolb, 1972, 219). Die Nationalverfassung sollte dem Reich eine neue Verfassung geben. Am 19.Januar.1919, fanden die Wahlen statt. Die Sozialdemokratische Partei erhielte 165 Sitze, die Christliche Volkspartei (Zentrum), erhielte 91 Sitze und die Deutsche Demokratische Partei, 75. Diese Parteien schlossen sich bei der Nationalversammlung zu der Weimarer Koalition zusammen und übernahmen somit die Regierung ab den 13.Februar.1919 (Apelt, 1964, 51).

„Anstatt der verbündeten Ländermonarchen und -regierungen war nunmehr erstmals in der deutschen Geschichte aufgrund geltenden Verfassungsrechts das Volk selbst Träger der Staatsgewalt. Die monarchische Spitze wurde durch eine republikanische in Gestalt eines von der Nationalversammlung zu wählenden (vorläufigen) Reichspräsidenten ersetzt, der die Reichsgewalt zusammen mit einer von ihm zu bestellenden, das Vertrauen der Nationalversammlung besitzenden Reichsregierung auszuüben hatte. Die Länder waren über einen dem früheren Bundesrat vergleichbaren Staatenausschuss an der Gesetzgebung beteiligt. Gesetze bedurften zu ihrer Wirksamkeit des übereinstimmenden Nationalversammlung allein vorbehalten. Wenngleich die Revolution die Monarchien der Einzelstaaten beseitigt hatte, so verstand es der noch immer vitale Länderpartikularismus sich derart zu behaupten, dass die einzelnen Regierungen ihren Anteil bei der Mitwirkung an der provisorischen Reichsgewalt erhielten." (Kotulla, 2008, 538)

Am 24.Februar.1919, begann die erste Lesung der Nationalversammlung. Zwischenzeitlich fanden zahlreiche Beratungen statt, die Verfassung wurde schließlich am 31.Juli.1919, von der Nationalversammlung mit 262 gegen 75 Stimmen und 1 Enthaltung angenommen. Reichspräsident Friedrich Ebert unterzeichnete diese am 11.August.1919. Mit der Verkündung im Reichsgesetztblatt vom 14.August.1919, trat diese dann in Kraft (Apelt, 1964, 124).

3. Die Inhalte der Weimarer Verfassung

Wie auch jede Verfassung über eine Präambel verfügt, hatte auch die Weimarer Verfassung eine Formulierung, welche die staatsrechtliche und politische Lage des Reiches grundsätzlich formuliert (vgl., Apelt, 1964, 128).

Diese lautete wie folgt: „ *Das Deutsche Volk, einig in seinen Stämmen und von dem Willen beseelt, sein Reich in Freiheit und Gerechtigkeit zu erneuen und zu festigen, dem inneren und dem äußeren Frieden zu dienen und den gesellschaftlichen Fortschritt zu fördern, hat sich diese Verfassung gegeben.* " (Kolb, 1972, 233)

Die Gliederung der Verfassung besteht aus zwei Hauptteilen.

1. Teil - Aufbau und Aufgaben des Reichs

Erster Abschnitt: Reich und Länder (Artikel 1 bis 19)

Zweiter Abschnitt: Der Reichstag (Artikel 20 bis 40)

Dritter Abschnitt: Der Reichspräsident und die Reichsregierung (Artikel 41 bis 59)

Vierter Abschnitt: Der Reichsrat (Artikel 60 bis 67)

Fünfter Abschnitt: Die Reichsgesetzgebung (Artikel 68 bis 77)

Sechster Abschnitt: Die Reichsverwaltung (Artikel 78 bis 101)

Siebenter Abschnitt: Die Rechtspflege (Artikel 102 bis 108)

2. Teil - Grundrechte und Grundpflichten der Deutschen

Erster Abschnitt: Die Einzelperson (Artikel 109 bis 118)

Zweiter Abschnitt: Das Gemeinschaftsleben (Artikel 119 bis 134)

Dritter Abschnitt: Religion und Religionsgesellschaften (Artikel 135 bis 141)

Vierter Abschnitt: Bildung und Schule (Artikel 142 bis 150)

Fünfter Abschnitt: Das Wirtschaftsleben (Artikel 151 bis 165)

Übergangs und Schlussbestimmungen (Artikel 166 bis 181) [1]

Die Weimarer Reichsverfassung besteht somit aus 181 Artikel, 56 davon sind Grundrechtartikel.

---

[1] Quelle: http://www.dhm.de/lemo/html/dokumente/verfassung/index.html Deutsches historisches Museum, letzter Zugriff, 17.01.2013

Besonders wichtig für die Verfassung wurde der Artikel 17 [2], mit den Normativbestimmungen für die Staats- und Gemeindeverfassung der einzelnen Länder, in welchen das organisatorische Grundprinzip einer parlamentarischen Demokratie verbindlich festgelegt wurde(Kolb,1972,234).

3.1 Die Reichsorgane

Die Reichsgewalt der Weimarer Verfassung erinnert stark an das des Kaiserreiches, die vier zentralen Organe waren der Reichspräsident, der Reichstag, der Bundesrat und die Reichsregierung. Neu war der Reichstaatsgerichtshof und der Reichswirtschaftsrat (Kotulla, 2008, 591).

Reichstag

"Es repräsentiert ebenso wie der alte Reichstag nicht die Summe der in den Gliedstaaten organisierten Teilvölker, sondern die durch das Reich verkörperte deutsche Nation als Einheit und Gesamtheit; im Reichstag erscheint also nach wie vor als ihr stärkster Ausdruck die nationale Geschlossenheit Deutschlands." (Apelt, 1964, 176)

Die Artikel der Verfassung 20-40, gestalteten den Reichstag zu einem kompetenzstarken Parlament um. Es bestand aus Abgeordneten, welche die Vertretung des gesamten deutschen Volkes war. Durch die allgemeine, gleiche, unmittelbare und geheime Verhältniswahl, worden diese für jeweils vier Jahre gewählt.

"Die Einzelheiten regelten das später immer wieder modifizierte Reichswahlgesetz vom 27. April 1920 und die ergänzend erlassene Reichsstimmordnung vom 14. März 1924. Es galt mit Blick auf 35 große Wahlkreise, in denen eine Mehrzahl von Kandidaten aufgrund der von den teilnehmenden Parteien aufzustellenden Kandidatenlisten zu wählen waren. Auf jeweils 60.000 in einem Wahlkreis abgegebene Stimmen entfiel ein Mandat. Die Zahl der Reichstagsmandate lag somit anders als nach Art. 20 RV 1871 und nach den Wahlen zur Nationalversammlung nicht von vornherein fest, sondern schwankte in Abhängigkeit von der jeweiligen Wahlbeteiligung."
(Kotulla, 2008, 594)

---

[2] Artikel 17:
Jedes Land muss eine freistaatliche Verfassung haben. Die Volksvertretung muss in allgemeiner, gleicher, unmittelbarer und geheimer Wahl von allen reichsdeutschen Männern und Frauen nach den Grundsätzen der Verhältniswahl gewählt werden. Die Landesregierung bedarf des Vertrauens der Volksvertretung.

Eine der zentralen Kompetenzen war die von ihm ausgeübte Gesetzgebung. Der Reichstag konnte mit der Zustimmung von zwei Dritteln seiner Mitglieder den Reichspräsidenten und die Mitglieder der Reichsregierung vor dem Staatsgerichtshof anklagen. Fortan verfügte es auch über ein selbstständiges Gesetzesinitiativrecht, welches formal gesehen aber eine deutliche Einschränkung der Macht war, da es dem Reichspräsidenten überlassen blieb, ein beschlossenes Gesetz auszufertigen und zu verkünden, oder dieses dem Volksentscheid[3] unterwarf (ebd., 595). Der Reichskanzler und Minister waren gezwungen zurückzutreten, wenn der Reichstag durch einen ausdrücklichen Beschluss sein Vertrauen entzog, dieses Misstrauensvotum verdeutlicht die Machtposition des Parlaments.

Reichspräsident

Der Reichspräsident agierte als ein Staatsoberhaupt. Oftmals wurde er als eine Art republikanischer Ersatzkaiser bezeichnet, welcher jedoch im Unterschied zu den konstitutionellen Monarchen, vom Volke selber auf sieben Jahre gewählt worden war. Der Reichspräsident verfügte über einige besondere Befugnisse, beispielsweise oblag ihm eine Auflösung des Reichstages. Ebenfalls ernannte und entließ er Reichsbeamten, sowie Reichskanzler und Minister. Letztlich hatte dieser auch den Oberbefehl über die gesamte Wehrmacht (Kotulla, 2008, 592). Ein bedeutendes Instrument war auch die Diktaturgewalt, diese besagte, dass der Reichspräsident bestimmte Maßnahmen zur Wiederherstellung, Sicherung und Ordnung des Deutschen Reiches ergreifen konnte (Apelt, 1964, 207). So konnten Grundrechte, (Freiheit der Person, Unverletzlichkeit der Wohnung, Meinungs- und Pressefreiheit, Versammlungsrecht [...]) vorübergehend teilweise, aber auch ganz außer Kraft gesetzt werden. Besonders in Krisenzeiten waren diese Befugnisse deutlich zu spüren (Kotulla, 2008, 593).

Reichsregierung

Die Reichsregierung bestand aus den Reichsministern und dem Reichskanzler, es war als Kollegialinstanz organisiert. Jener Reichsminister war zuständig für die eigene Verwaltung seines Ressort und war ebenfalls dem Reichstag gegenüber selbst verantwortlich (ebd.)

---

[3] Artikel 73: Ein vom Reichstag beschlossenes Gesetz ist vor seiner Verkündung zum Volksentscheid zu bringen, wenn der Reichspräsident binnen eines Monats es bestimmt. Ein Gesetz, dessen Verkündung auf Antrag von mindestens einem Drittel des Reichstags ausgesetzt ist, ist dem Volksentscheid zu unterbreiten, wenn ein Zwanzigstel der Stimmberechtigten es beantragt.

Sowohl der Kanzler, als auch die Minister, waren auf das Vertrauen des Reichstages angewiesen, so war es nicht selten der Fall, dass die Kabinette nach einigen Monaten aufgelöst waren (ebd., 594).

Reichsrat

Der Reichsrat ist die Vertretung der deutschen Länder bei der Gesetzgebung und Verwaltung des Reichs. Die Verfassung beabsichtige den Reichsrat als Reichsorgan mit dem Aspekt, dass die Länder in erster Linie bei ihrer Stellungnahme das Gesamtinteresse im Auge zu behalten haben, primär stand ihnen dann erst frei, regionale Wünsche zu äußern (Apelt, 1964, 217). Jedes Land hatte mindestens eine Stimme, größere Länder hatten pro 700.000 Einwohner, eine Stimme. Wegen der 40-Prozent Klausel, durfte jedoch keines über mehr als zwei Fünftel der Gesamtstimmen verfügen (Kotulla, 2008, 596). Regierungsmitglieder vertraten die Länder im Reichsrat, den Vorsitz im Reichsrat hatte ein Mitglied der Reichsregierung (ebd., 597).

Staatsgerichtshof

Der in der Verfassung aufgelistete Artikel 108, besagte die Errichtung eines Staatsgerichtshofes. Bis zum Inkrafttreten war es vorgesehen einen vorläufigen zu bilden, welcher aus sieben Mitgliedern bestand. Vier aus dem Reichstag und drei aus dem Reichsgericht. Ziel dieses Organs war es bei Verfassungsstreitigkeiten innerhalb eines Landes zu agieren, ebenfalls bei Anklagen gegen den Reichspräsidenten, Reichskanzler und den Reichsministern, bei vorsätzlicher Verletzung der Reichsverfassung und den Reichsgesetzen. (ebd., 597/598).

Reichswirtschaftsrat

Der Reichswirtschaftsrat war für die Mitwirkung an der Gesetzesschaffung in wirtschaftspolitischen und sozialen Angelegenheiten vorgesehen. Zudem war es die berufsständische Vertretung des deutschen Volkes. Wichtige Gesetzesentwürfe sollten von der Reichsregierung noch vor der Übergabe in den Reichstag zur Begutachtung in den Reichswirtschaftsrat vorgelegt werden. Letztlich war es vorgesehen, dass der Reichswirtschaftsrat eigenständige Gesetzesvorlagen bei der Reichsregierung beantragen konnte (ebd., 597).

3.2 Grundrechte und Grundpflichten

Ein auffallendes Merkmal der Weimarer Reichsverfassung war der zweite Hauptteil, nämlich die starke Berücksichtigung der Grundrechte. Zuvor hielt man fest, dass Grundrechte nur als eine Art Programmforderung waren, als Richtlinien für die Gesetzgebung und nicht als eigentlich aktuelles Staatsrecht zu werten seien (Apelt, 1964, 297). Dieser Teil der Verfassung hat bei der Umsetzung von der Theorie in die Praxis erhebliche Schwierigkeiten (ebd., 291). Die in der Monarchie vorhandenen klassischen Freiheitsrechte schienen als unzureichend, so wurde neben der Einzelperson betreffende Menschen- und Bürgerrechte, auch die Ordnung des gemeinsamen Lebens, Bestimmungen über Religion, Bildung und Schule, in Umsetzung gebracht. Letztlich bestand auch eine große Änderung der sozialen Grundrechte, wie beispielsweise die Schaffung eines umfassendes Sozialversicherungswesens. Die Ergänzung der Grundpflichten war zudem auch ein wichtige Änderung der Verfassung, dazu zählen die Erziehungspflicht der Eltern, Wehrpflicht, Dienstpflicht gegenüber dem Staat und der Gemeinde, allgemeine Schulpflicht und die Pflicht zum gemeinwohlverträglichen Gebrauch der eigenen körperlichen und geistigen Kraft. (Kotulla, 2008, 599).

Erster Abschnitt: Die Einzelperson
Gleichheit vor dem Gesetz, Abschaffung der gesellschaftlichen Standesunterschiede, Rechtsgleichheit.

Zweiter Abschnitt: Das Gemeinschaftsleben
Schutz von Ehe und Mutterschaft, Versammlungsfreiheit, Wahlfreiheit.

Dritter Abschnitt: Religion und Religionsgesellschaften
Garantie der Glaubensfreiheit und Gewissensfreiheit, Verzicht auf eine Staatskirche.

Vierter Abschnitt: Bildung und Schule
Beaufsichtigung des Schwulwesens, Gründung von öffentlichen Schulen, Schulpflicht.

Fünfter Abschnitt: Das Wirtschaftsleben
Gewährleistung der wirtschaftlichen Freiheit jedes Einzelnen, Regelung des Erbrechtes, Schaffung vom Arbeitsrecht, Schaffung von Urheberrechten und Arbeitnehmerrechten, Bildung von Betriebsräten.

<u>Übergangs und Schlussbestimmungen</u>

Die Übergangs- und Schlussbestimmungen regeln das Inkrafttreten der einzelnen Artikel der Verfassung. [4]

"Angesichts der Tatsache, dass die Weimarer Verfassung von einer Parteienkoalition unter Beteiligung selbst der in grundsätzlicher Opposition stehenden Parteien geschaffen wurde, konnte der Grundrechtsteil der Verfassung letztlich nicht über eine Aneinanderreihung der unterschiedlichsten Forderungen, ein Nebeneinander von sozialistischen, liberalen, konfessionellen und konservativen Normen und Zielvorstellungen hinauskommen. Es gelang nicht, dem neuen Staat eine klare Marschroute zu geben. Die Grundrechte bildeten kein geschlossenes Programm, sondern gleichsam ein vielseitiges Angebot zur freien Auswahl für die in Zukunft jeweils stärksten Republik, sondern eher ein Bollwerk gegen weitere Umwälzungen, ein Instrument zur Erhaltung des Status quo." (Kolb, 1972, 238)

4. Fazit

Um auf meine Zielfrage zurückzukommen, lässt sich nun sagen, dass es sowohl positive, als auch sehr negative Inhalte in der Verfassung gab. Positiv zu werten ist die Tatsache, dass es nun eine parlamentarische Demokratie war, zudem auch das deutsche Volk politisch aktiver und wichtiger geworden war, dies beispielsweise durch Wahlen vom Reichspräsidenten, Reichstag und den Länderparlamenten, aber auch durch Volksentscheide. Ebenfalls ist das Wahlbefugnis der Frauen als sehr positiv zu deuten. Weitere Fortschritte waren die expliziten sozialen Bemühungen, Regelungen und Pflichten des Staates und somit implizit des Volkes. Die Grundrechte und Pflichten, welche vor der Weimarer Zeit als eher unbedeutend galten, worden nun als relevant empfunden, auch wenn die Umsetzung der Theorie doch eher mangelhaft war. Als einen deutlichen Kritikpunkt der Verfassung, sehe ich den Artikel 48., welcher das diktatorisches Eingreifen des Reichspräsidenten durch heftige Änderungen und Maßnahmen vorsieht.

Verfassungsrechtlich gesehen waren auch die Grundrechte des deutschen Volkes als eher nicht klagbar anzusehen. Ich bin der Ansicht, dass die erste Weimarer Verfassung und somit die erste Demokratie Deutschlands ein deutlicher Fortschritt war. Sie diente als Grundgerüst für unsere heutige Verfassung. Aufgrund häufiger Regierungswechsel, bedingt durch zahlreiche Entlassungsbefugnisse, war eine stabile, kontinuierliche und erfolgreiche demokratische Regierung zu dieser Zeit und Umständen jedoch nicht möglich.

---

[4] Quelle, http://www.dhm.de/lemo/html/dokumente/verfassung/index.html letzter Zugriff, 23.01.2013

5. Literaturliste

Apelt, Willibalt 1964: Geschichte der Weimarer Verfassung, C.H. Beck'sche Verlagsbuchhandlung München

Gusy, Christoph 1997: Die Weimarer Reichsverfassung, Mohr Siebeck Verlag

Kolb, Eberhard 1972: Vom Kaiserreich zur Weimarer Republik, neue wissenschaftliche Bibliothek, Verlag Kiepenhauer & Witsch, Köln

Kotulla, Michael 2008: Deutsche Verfassungsgeschichte: vom Alten Reich bis Weimar (1495 bis 1934), Springer Verlag

Deutsch historisches Museum
http://www.dhm.de/lemo/html/dokumente/verfassung/index.html letzter Zugriff, 23.01.2013